SIGRUN ENDER

Das Leben ist leicht
und wunderbar

Sigrun Ender

Das Leben ist leicht und wunderbar

Gespräche mit Erzengel Gabriel

feelingwords

Channeling und Bilder: © 2012 Sigrun Ender
Layout und Cover: Judith Weber
Alle Rechte vorbehalten
Druck: lulu.com

Mehr zur Autorin und ihrem Angebot auf:
www.ender-coaching.de

Herausgeber: Judith Eherer *feelingwords*
www.feelingwords.de

ISBN 978-1-4457-9710-6

INHALT

Vorwort	7
Prolog	9
Gespräche / Botschaften:	
• Bewusstsein	11
• Frieden	17
• Zufriedenheit	27
• Zeit	33
• Reichtum	39
• Beziehungen	47
• Wertschätzung	55
• Gesundheit	61
• Finanzen	67
• Karma	73
• Kompromisse	81
• Die Macht der Worte	87
• Ziele	93
Epilog	101
Die Autorin	105

Wir sind nicht alleine
VORWORT

Wir Menschen tragen alle eine tiefe Sehnsucht in uns: Die Sehnsucht nach Liebe. Wir wollen Sicherheit spüren, wir wollen wissen, dass uns jemand zur Seite steht. Alle träumen wir davon in Liebe zu leben, sorgenfrei zu sein, glücklich zu sein - bereits morgens beim Aufwachen. Wir wünschen uns einen Partner an unserer Seite, den wir lieben dürfen, und der uns liebt. Wir suchen nach Glück, Unbeschwertheit, Geborgenheit.
Wir fühlen und wissen, dass es dieses wundervolle Leben voller Liebe gibt, dass es dieses Leben geben muss, sonst würden wir es nicht in so fantastischen Bildern in uns tragen. Jetzt stellt sich die Frage: Warum ist es nicht da? Warum sieht unser Alltag ganz anders aus als in unseren Träumen?

Ihr Lieben, schaut in Euer Herz! Seht tief hinein und fühlt. Es ist da. Es ist in unseren Herzen. Wir lieben und wir werden geliebt. Weil wir die Liebe sind, weil wir aus reinster Liebe erschaffen sind.

Gott schickt uns Engel jeden Tag. Und nur, weil wir unserem Kopf und Denken gestatten, Herr über uns zu sein, und weil wir gelernt haben, klug und vernünftig zu sein, und weil wir verletzt wurden, weil wir verletzt haben, und weil wir enttäuscht wurden und andere enttäuschten, werden wir von Gott nicht weniger geliebt. Er schickt uns Engel, die uns auf liebevollste Weise an die Hand nehmen und trösten. Wir dürfen uns verzeihen und dankbar sein. Fangen wir an, wieder auf unser Herz zu hören - jetzt - und wir werden Worte vernehmen, die unsere Sehnsucht nach Liebe stillen.

Judith Eherer
feelingwords

PS: Ich hatte das Glück und die Freude, Sigrun Ender bei der Veröffentlichung Ihres Buches zu unterstützen. Die Worte »Wir sind nicht alleine« liefen wie von selbst aus meinem Herzen, in die Finger, aufs Papier - als ich das Skript »Das Leben ist leicht und wunderbar« zum ersten Mal las. Danke Sigrun, danke Gabriel!

Erzengel Gabriel
PROLOG

Ich bin Erzengel Gabriel, und ich bitte Dich, Sigrun, mein Kind, von ganzem Herzen, teile den Menschen meine Worte mit. Sie sind von äußerster Wichtigkeit und ich verspreche Dir, dass Du daraus keinen Schaden erleiden wirst.

- Werden die Menschen das verstehen? Ich habe Angst, dass mich viele für verrückt erklären.

Meine Worte sind gut verständlich. Ich werde sie so wählen, dass sie leicht zu verstehen sind. Die Angst ist unbegründet.

- Wunderbar, dann bin ich beruhigt.

Lass uns anfangen. Ich führe Dich - wir werden gemeinsam den Weg beschreiten. Vertraue mir.

- Das tue ich.

Mein Wunsch ist es, dass Du das aufschreibst, was ich Dir nun mitteile.

- In Ordnung. Hoffentlich verstehe ich alles richtig. Besteht keine Gefahr, dass ich etwas Falsches höre?

Nein, mein Kind, diese Gefahr besteht nicht. Du bist ein Überbringer meiner Worte an die Menschen und dafür bin ich dir zutiefst dankbar. Lass uns beginnen, ich führe Dich.

- Gerne.

Botschaft über das BEWUSSTSEIN

Ich bin Erzengel Gabriel, der Engel der Wiedergeburt. Ich bringe neues Leben auf die Erde. Ich bringe ebenso neues Wissen auf die Erde. Darum ist es wichtig, dass die Menschen erkennen, dass das Wissen, das vor Jahren noch auf der Erde seine Gültigkeit hatte, veraltet ist.

Ihr Menschen geht in eine neue Bewusstseinsphase. Das bedeutet für Euch, dass viele Verhaltensmuster, Glaubenssätze und Handlungsweisen nicht mehr das bewirken, was in der Vergangenheit damit erreicht wurde. Deshalb müsst Ihr lernen, Euch neu auszurichten. Viele Kompromisse, die Ihr lebt, werden Euch jetzt gezeigt. Ihr könnt Sie jedoch in Zukunft nicht mehr wie gewohnt leben. Eure Gefühle lassen das nicht zu. Dies bringt Euch aus

> Ihr Menschen geht in eine neue Bewusstseinsphase.

dem Gleichgewicht. Ihr sucht nach dem tieferen Sinn. Ihr hinterfragt Euer jetziges Handeln.

Ich frage Euch: Wofür seid Ihr angetreten?
Was war Euer Ziel hier auf der Erde?

Habt Ihr es denn alle vergessen? Doch keine Angst, der göttliche Kern in Euch ist so stark, dass Ihr Euch letztendlich immer wieder besinnt.
Wonach strebt Ihr? Nach Glück? Dann besinnt Euch auch darauf! Euer Tun muss Euch Spaß und Freude machen, nur dann findet Ihr Euer Glück.

> Der göttliche Kern in Euch ist so stark, dass Ihr Euch letztendlich immer wieder auf ihn besinnt.

Glück lässt sich in viele Worte fassen. Glück hat unterschiedliche Stufen. Das, was viele Menschen glücklich macht, bedeutet anderen überhaupt nichts. Jeder hat sein eigenes Empfinden. Deshalb sucht nicht das Glück in anderen Menschen, sondern in Euch. Seid Ihr glücklich mit Euch selbst, werdet Ihr Menschen mit dem gleichen Empfinden in Euer Leben ziehen.

Ihr befasst Euch in Gedanken viel zu sehr mit den Situationen anderer. Dabei könnt Ihr die Menschen nicht ändern.
Das ist auch etwas, womit Ihr Euch noch nicht abfindet. Ihr kämpft einen Kampf, der hoffnungslos ist, denn jeder kann nur an sich Veränderungen vornehmen.

Ihr wünscht Euch ständig Veränderung und habt dann wiederum Angst davor. Veränderungen sind jedoch zwingend notwendig, nur so hört das Leiden auf. Nehmt Eure negativen Emotionen wahr und erkennt, dass dies Zeichen zur Veränderung sind.
Menschen, die nicht im Einklang sind mit ihrem Tun, werden darauf aufmerksam gemacht. Ihr müsst das Alte loslassen und Eurem Gefühl folgen. Ihr Menschen haltet Euch bewusst in Leid, aus Angst vor Veränderung. Doch nur Ihr habt die Möglichkeit, dies zu ändern. Niemand hindert Euch daran.
Lasst Eure eigenen Fesseln los.

Affirmation
BEWUSSTSEIN

Ich bin mir meiner Gedanken
und meines Handelns bewusst.

Bewusst wähle ich positive und
liebevolle Gedanken – so ziehe ich
positive Veränderungen in mein Leben.

Ich lasse die Vergangenheit los und
heiße das Neue willkommen!

Gespräch über den FRIEDEN

Es ist wieder soweit. Bitte sei so nett und notiere, was ich Dir zu sagen habe. Ich will mit Dir über das Thema Frieden sprechen.

- Gerne, lieber Erzengel Gabriel.

Heute war wieder ein bewegter Tag. Es tut uns weh, wie die Menschen Ihre Körper vernichten. Wir Engel sind traurig, dass Ihr Euren Menschenkörper nicht mehr schätzt. Es ist wirklich schade - mit mehr Wertschätzung würden weniger Attentate auf der Erde geschehen. Aber Ihr entscheidet dies selber und wir müssen dies berücksichtigen.
Es gibt so viele Dinge, die Ihr Menschen noch nicht wisst, dennoch lebt Ihr. Euer Körper und Geist sammelt Erfahrungen, die Ihr mit ins nächste Leben nehmt. Doch wenn Ihr in diesem Leben Kriege führt, was nehmt Ihr wohl

mit? Natürlich wieder den Krieg. Ihr müsst verstehen: wenn Ihr den Krieg im nächsten Leben nicht wollt, müsst Ihr ihn in diesem Leben beenden.

So ist es mit allen Dingen, die Ihr nicht mehr haben wollt. Wenn Ihr die Angst in Eurem nächsten Leben nicht mehr wollt, beendet sie in diesem Leben. Jetzt sofort! Die Energie, in die Ihr Euch begebt, werdet ihr erhalten. In der Gegenwart und in der Zukunft. Entfernt Euch von Menschen, die Ängste in sich tragen. Entfernt Euch von Gruppenansammlungen, die Ängste schüren. Sie geben der Angst die Kraft und die Macht. Sie verstärken diese Energie sogar noch. Seid vielmehr auf der Suche nach Frieden.

Seid vielmehr auf der Suche nach Frieden.

Schließt Euch Menschen an, die friedvoll sind - diese erschaffen den Frieden auf der Erde! Denkt vorher darüber nach, was Ihr mit Eurem Denken und Handeln bewirken werdet, denn die Wirkung ist riesengroß. Macht Euch wirklich bewusst was Ihr erreichen wollt, und entscheidet dann. Wollt Ihr dem Jammertrend folgen, oder besser schweigen? Wem gebt Ihr die Kraft und Macht? Ich werde Euch die Entscheidung nicht abnehmen, Ihr Menschen müsst Sie selber treffen. Der freie Wille zählt.

- Gabriel, warum sind manche Menschen so extrem grausam, zum Beispiel Attentäter?

Sie können Ihren eigenen Schmerz nicht mehr ertragen, deswegen haben Sie oft auch keine Todesängste mehr. Sie handeln aus extremer Verbitterung heraus und sind daher bereit, zu vernichten, und anderen Menschen Schmerz zuzufügen.
Doch aus jedem Leid kann etwas Neues entstehen. Tod und Leben sind nahe beieinander. Es ist eine stetige Balance.
Täglich sterben Menschen, täglich werden Babys geboren. Seelen gehen und verlassen die Erde, neue Seelen kommen auf die Erde. Manche kehren auch wieder zurück. Das ist die Reinkarnation. Doch den Ort, an den eine Seele geht, entscheidet jede Seele selbst. Auch hier kommt wieder Euer freier Wille zum tragen.

> Doch aus jedem Leid kann auch wieder etwas Neues entstehen.

Es wird Euch Menschen jederzeit der freie Wille gelassen. Solange Ihr diesen leben könnt, fühlt Ihr Euch glücklich und seid bereit, neue Wege auszuprobieren. Wird Euch der freie Wille genommen, handelt Ihr teilweise aus Trotz oder Ihr resigniert - und das ist nicht gut für Euren Lernprozess. Nur wenn Ihr aus dem freien Willen heraus handelt, habt Ihr in Euch ein gutes Gefühl. Dies zeigt Euch, dass Ihr Euch auf dem richtigen Weg befindet. Wird dieser freie Wille gebrochen, entspricht das nicht dem göttlichen Gesetz!

Das heißt für Euch, Ihr handelt dann entgegen dem göttlichen Gesetz. Das zu verstehen ist von maßgeblicher Wichtigkeit. Ihr begebt Euch in Zwang und aus Zwang entsteht Unzufriedenheit und Leid. Nur aus der Freiheit, aus den guten Gefühlen, kann Gutes entstehen. Nur dann seid Ihr im göttlichen Einklang! Wenn Euch jemand zu etwas zwingen möchte, überlegt weise, was Ihr tut. Ihr habt die Wahl.

- Lieber Gabriel, sprichst Du etwas Bestimmtes an?

Ja, mein Kind. Der Zwang ist weit verbreitet auf der Erde. Wenn man heute in die großen Unternehmen schaut, dann wird hier viel mit Zwang gearbeitet. Die Hierarchien lassen keinen freien Willen mehr zu. Die Mitarbeiter werden zu Marionetten und sollen ausführen, was Ihnen von den Vorgesetzten aufgetragen wird.

> Ich bitte Euch von Herzen: Handelt aus Liebe!

Ein weiteres Beispiel sind Familien. Die Kinder unterliegen oft dem Zwang Ihrer Eltern. Häufig respektieren Eltern ihre Kinder nicht, und auch hier finden wir die Hierarchie. Und, schauen wir in Schulen, schauen wir in Partnerschaften etc. Du weißt, was ich meine.

- Ja, ich habe verstanden. Danke!

Anstatt aus Liebe zu handeln, handeln viele Menschen aus Zwang. Ich bitte Euch von Herzen, handelt aus Liebe! Liebe löst alle Fesseln, sie löst alles Leid. Sie bringt Frieden in die Herzen und lässt gute Gefühle und Emotionen entstehen.

Und so frage ich Euch:
»Was ist Euer vorherrschendes Gefühl?«

Ist es wirklich die Liebe oder sind es andere Emotionen? Sollten es andere, negative Gefühle sein, befreit Euch schnellstens davon - sie bringen Schaden! Emotionen sind Schwingungen, die Ihr Menschen aussendet. Jeder einzelne von Euch hat seine eigene Schwingung. Wenn Ihr mit anderen Personen zusammen trefft spürt Ihr schnell, welche Schwingungen diese in sich tragen. Genauso spüren die Menschen in Eurem Umfeld Eure Schwingung. Welche ist das? Prüft Euch! Schaut, welche Energie Ihr verbreitet. Positive oder negative Energie? Was bewirkt Ihr damit in der Zukunft? Denkt an das Gesetz von »Ursache und Wirkung«. Es ist immer wieder das Gleiche.

Schaut, welche Energie Ihr verbreitet.

- Lieber Gabriel, darf ich Dich etwas fragen?

Ja natürlich.

- Ich kann seit einiger Zeit nicht mehr gegen mein Gefühl handeln. Ich werde regelrecht aggressiv, wenn ich etwas tun muss, was nicht meinem guten Gefühl entspricht. Dabei war noch nie im Leben ein aggressiver Mensch. Im Gegenteil, ich bin extrem friedliebend.

Das meine ich. Deine Gefühle zeigen Dir immer stärker, was nicht Deiner inneren Balance entspricht. Wenn Du Dich dann anders entscheidest, wirst Du wieder ruhig und friedvoll. Positive Gefühle machen Euch friedvoll, negative Gefühle machen Euch aggressiv!

Dies zeigt Dir, Deine Gefühle und Emotionen zu erkennen, und zu unterscheiden. Sie zeigen Dir den richtigen Weg.

- Ich verstehe, danke.

Für heute ist es genug. Ich danke Dir für Deine Hilfe.

- Ich danke Dir. Vielen Dank für Dein Vertrauen.

Affirmation
FRIEDEN

Ich entscheide mich bewusst für
ein Leben in Frieden und Gelassenheit.

Ganz gleich wie die Menschen
sich verhalten mögen,
ich bewahre Ruhe und Frieden.

Ich sende friedvolle und liebevolle Gedanken aus. Ich weiß, der Frieden beginnt in mir und mit meinen Gedanken.

Ich bin ruhig, gelassen und friedvoll.

Botschaft über
ZUFRIEDENHEIT

Mein liebes Kind, ich grüße Dich ganz herzlich.

- Lieber Gabriel, auch ich grüße Dich von Herzen. Darf ich wieder eine Botschaft von Dir aufschreiben?

Ja, es ist lieb, dass Du das für mich tust. Ich danke Dir.

Die heutige Botschaft enthält ein neues Thema: Die wachsende Unzufriedenheit auf der Erde. Ihr Menschen habt noch nicht verstanden, dass alles was Ihr jetzt besitzt, seid oder tut, selbst verursacht habt. Deswegen seid Ihr die Einzigen, die dies mit Euren Gedanken jederzeit wieder ändern könnt.
Wie verhaltet Ihr Euch, wenn Ihr unglücklich seid? Ihr konzentriert Euch täglich auf Euer Leid. Immer und immer wieder sagt und fühlt

Ihr, wie unzufrieden Ihr seid, wie schlecht sich anfühlt, was gerade passiert. Ihr multipliziert die Energie stets aufs Neue. Ihr pumpt die Situation förmlich mit Energie auf. Wie einen Luftballon, solange bis er platzt. Ich sage Euch, lasst die Energie ab, lasst sie entweichen. Wenn Ihr zu viel Luft in einem Reifen habt, lasst Ihr Luft ab, da Ihr Angst habt, der Reifen könnte platzen. So ist es auch in Situationen mit denen Ihr unzufrieden seid. Das bedeutet nicht, dass Ihr Euch mit diesen Situationen zufrieden geben müsst, sondern, dass Ihr Euch dringend auf etwas Positives konzentrieren solltet. Hier könnt Ihr so viel Energie hinein geben wie Ihr wollt. Hier richtet Ihr keinen Schaden an, sondern hier verstärkt Ihr das Positive!

Alles tritt in Euer Leben, was Ihr gedanklich erschafft.

Unzufriedenheit ist ein Gefühl. Dieses könnt Ihr ändern. Es ist nicht wichtig, in diesem Moment zu wissen, wie sich eine Situation oder ein Problem löst. Einzig und allein was zählt ist Euer Wille. Dieser öffnet Euch neue Wege und Türen, zeigt Euch die Lösungen. Darum muss ich Euch nochmals sagen: Euer freier Wille ist entscheidend!

Ihr müsst kein Meister in allem sein, aber wenn Ihr das tut, was ich Euch sage, werdet Ihr Meister in Eurem bewussten Erschaffen. Das ist das Wichtigste, damit Ihr in Zukunft das Leben führen könnt, welches Ihr Euch so wünscht.

In Euer Leben tritt alles, was Ihr vorher gedanklich erschafft. Reichtum, Armut, Frieden, Kriege, Krankheit, Gesundheit etc. Ihr müsst Euch bewusst machen, was Ihr wollt. Ein bisschen hiervon und ein bisschen davon - daraus entsteht kein klares Bild. Schafft klare Bilder in Euren Köpfen, so dass auch im Außen klare Bilder entstehen können!

Schafft klare Bilder in Euren Köpfen.

Unklare Bilder solltet Ihr loslassen. Konzentriert Euch nicht mehr darauf. Sonst versucht Ihr zwanghaft etwas zu erreichen und das ist keine gute Ausgangsposition. Ihr wisst, aus Zwang entsteht nichts Gutes.
Macht Euch bitte bewusst, aus welcher Emotion Ihr handelt. Unüberlegtes, schädliches Handeln ist nicht ohne Folgen, und für diese Folgen haftet letztendlich auch wieder Ihr. Genauso ist es umgekehrt. Tut Ihr Gutes, wird Gutes

zu Euch zurückkommen.
Ihr tragt die Rechenschaft für Euer Leben. Einzig und allein Ihr. Auch ich kann Euch nur Hilfestellung geben. Ich kann Euch unterstützen, aber ich darf nicht ohne Eure Zustimmung handeln. Auch hier spiegelt sich Euer freier Wille wider.

Handelt aus Leichtigkeit!
So wird das Leben leicht und wunderbar!

Doch biite, wenn Ihr handelt, handelt weise. Wenn Ihr denkt, denkt weise. Wenn Ihr sprecht, sprecht weise.

Affirmation
ZUFRIEDENHEIT

Ich bin zutiefst dankbar
und zufrieden – für alles, was ich
bisher erreicht habe.

Zufriedenheit ist die Basis
für jeden Fortschritt.

Ich gehe mit dem Gefühl
der Zufriedenheit vorwärts.

Gespräch über die
ZEIT

Meine lieben Freunde, seid Euch bewusst, dass Raum und Zeit im Universum ohne Bedeutung sind. Alles ist so ausgelegt, dass Ihr die Möglichkeit habt, Dinge zu bereinigen und richtig zu stellen. Der Zeitpunkt dafür ist irrelevant.
Zeit ist ein Faktor, den Ihr bestimmt. Dann, wenn Ihr Seelen soweit seid, Situationen und Euer Karma zu bereinigen, dann habt Ihr die Möglichkeit dazu. Die Reifezeit, die Ihr benötigt, bekommt Ihr. Alle himmlischen Wesen arbeiten nicht mit Druck, sondern mit Geduld. Darum geben wir Euch die Zeit, die Ihr benötigt, um Einsicht zu erhalten. Geduld zahlt sich aus.

Wollen wir uns dem Thema Zeit näher widmen. Zeit ist einer der wichtigsten Faktoren in Euren Reinkarnationen. Zeit spielt in Eurem Erdenleben eine große Rolle. So kennt Ihr es aus der Vergangenheit. Doch ich habe Euch zu Anfang gesagt, dass sich einiges in Eurem Bewusstsein ändern und das alte Wissen auf der Erde durch neues Wissen ersetzt wird. Nun sage ich Euch, dass die Zeit jederzeit von Euch verändert werden kann!

- Was bedeutet das für uns Menschen?

Dass Zeit nicht an etwas gebunden ist. Zeit ist, wie gesagt, ein Faktor, den Ihr Menschen bestimmt. Den bestimmen nicht wir Engel oder Gott, nein, den bestimmt Ihr! Ihr habt es in der Hand, sofort etwas zu bewirken. Ihr könnt unumgänglich jede Wirkung bestimmen. Euer Wirken in der Gegenwart bringt die Auswirkung in der Zukunft! Ihr bestimmt, wie schnell oder wie langsam etwas in Euer Leben tritt. Es ist ganz alleine Euer Wille!

Ihr habt es in der Hand, sofort etwas zu bewirken.

Oh, meine Freunde, wenn Ihr wüsstet, wie schnell Ihr Euer Leben wenden könnt; Ihr würdet keine Sekunde zögern. Viele denken jetzt: »Aber Gabriel, wie soll ich das machen?« Indem Ihr meine Anweisungen von vorher beachtet. Es ist so einfach und dennoch so schwer für Euch. Macht Euch bitte bewusst, was Euch derzeit Negatives belastet und dann schenkt dieser Energie keine Aufmerksamkeit mehr. Somit wird sie immer mehr gehen und letztendlich verschwinden. Nur dann können sich Probleme in Luft auflösen. So würdet Ihr Menschen es formulieren, oder?

- Ja, stimmt.

Meine liebe Sigrun, jetzt hast Du mir wieder Deine Dienste zur Verfügung gestellt. Ich danke Dir von Herzen.

- Nicht dafür. Ich bin froh, dass ich Dir und den Menschen helfen kann.

Affirmation
ZEIT

Zeit ist ein Faktor, den ich bestimme.
Zeit ist nicht an etwas gebunden.

Mein Wirken in der Gegenwart bringt
die Auswirkung in der Zukunft.
Darum vertraue ich auf mein
Handeln in der Gegenwart.

Ich weiß, dass mir das Richtige,
zur rechten Zeit und am rechten Ort,
offenbart wird.

Botschaft über
REICHTUM

Bitte Sigrun, sei so nett und teile wieder meine nächste Botschaft mit. Bist Du bereit?

- Natürlich, gerne!

Reichtum! Das ist ein Thema, das Euch Tag und Nacht beschäftigt. Viele würden *alles* dafür geben. Doch seht, viele Menschen haben diesen Reichtum und würden liebend gerne alles für eine glückliche Partnerschaft geben. Andererseits zerbrechen viele Partnerschaften wegen Mangel an Reichtum. Es dreht sich immer wieder um das Gleiche. Die meisten Menschen verbinden Reichtum mit finanzieller Unabhängigkeit. Doch es gibt viele Formen des Reichtums. Wenn zwei Menschen eine glückliche Partnerschaft leben, ist das nicht eine Form des Reichtums? Macht es sie nicht glücklich? Ist dies nicht eine an Emotionen reichhal-

tige Verbindung? Dieser Reichtum ist mit keinem Geld der Welt zu bezahlen, oder zu kaufen!
Und schon sind wir beim eigentlichen Hauptthema: *Liebe und Partnerschaft.*

Mein Kind, schreib bitte auf, was ich Euch zu sagen habe.

- Ja, mache ich.

Die Partnerschaft ist ein wichtiger Punkt in Eurem Leben. Ist Euer Herz glücklich, werdet Ihr Euer Glück auch im Außen finden. Viele Menschen denken falsch. Sie meinen, der Beruf stehe an erster Stelle, und wenn Sie erst beruflich glücklich sind, finden Sie auch ihr Glück in der Partnerschaft. Das ist eine Täuschung! Zuerst kommt der private Erfolg. »Glück im Innen = Glück im Außen«. Viele Menschen flüchten sich vor der Einsamkeit in Arbeit - doch die Realität holt sie stets ein.
Im Herzen sehnt Ihr Euch nach Liebe und Geborgenheit. Anerkennung im Beruf ist kein Liebesersatz, sondern erscheint nur kurzfristig so. Das Eine macht Euch ohne das Andere nicht zufrieden. Die Kunst ist es, beides in Einklang

Im Herzen sehnt Ihr Euch nach Liebe und Geborgenheit.

zu leben. Viele erfolgreiche Personen setzen für ihren Beruf ihre Partnerschaft aufs Spiel. Ehen sowie Herzen brechen. Vor allem viele Kinderherzen. Der Erfolg hat auf diese Weise einen zu hohen Preis. Was ist der berufliche Erfolg noch wert, wenn die Partnerschaft bricht? Ihr Menschen müsst erkennen, dass die Familie und die Partnerschaft am wichtigsten sind. Der Kern zum Glück! Wer eine glückliche Beziehung führt, fühlt sich glücklich und geborgen. Hier könnt Ihr Kraft tanken.

Die Familie ist ähnlich wie ein Unternehmen. Es muss vieles gemanagt und organisiert werden. Führt zuerst ein glückliches »Familienunternehmen« bzw. eine glückliche Partnerschaft. Die Basis muss im Einklang sein! Nur dann werden Eure Unternehmungen im Beruf auf einem sicheren Fundament stehen.

Nichts, was Ihr tut, darf jemals auf Kosten der Familie gehen! Sie ist das Heiligste. Die Liebe macht alles möglich. Sie kann Berge versetzen. Wer diese Erkenntnis versteht, wird bemerken, dass sich etwas ändern sollte. Doch viele Menschen werden nichts ändern. Sie setzen lieber ihre Beziehung aufs Spiel. Und das ist falsch! Ihr solltet zu Euren Familien stehen, dann regelt sich das Außen von alleine. Bricht jedoch der Kern, bricht auch alles um Euch herum zusammen.

Die Liebe ist die Kraftquelle. Aus ihr entspringt alles! Hütet Eure Partnerschaft wie einen Schatz. Liebe und Glück sind mit keinem Geld der Welt zu bezahlen, oder zu ersetzen. Ohne sie fühlt Ihr Menschen Euch leer. Sie ist der innere Reichtum in Euren Herzen! Lasst alles los, was Eurer Partnerschaft schadet. Nehmt vor allem Veränderungen an, sie sind zwangsläufig notwendig, wenn Ihr Euren inneren Reichtum finden wollt. Dann erst werden im Außen Korrekturen stattfinden: zum Beispiel können Freunde gehen, Umzüge anstehen, berufliche Veränderungen möglich sein. Habt keine Angst davor, sondern wisst, dass dies zu Euerem Wohlergehen geschieht.

> Die Liebe ist die Kraftquelle.

Wie definiert Ihr Erfolg? Ist jemand, der viel Geld verdient erfolgreich? Seht hinter das Äußere! Ist diese Person wirklich glücklich? Wie viel Zeit verbringt sie mit ihrer Arbeit? Sieht sie die Familie noch? Bleibt noch Zeit für das Privatleben? Ist wirklich alles wie es scheint?

Oder ist es Erfolg, wenn man seine Familie daran teilhaben lässt? Wenn man Zeit hat, den Erfolg miteinander zu genießen. Viele werden jetzt einwenden: »Mein/e Partner/-in genießt ja auch den finanziellen Freiraum.« Das ist sicher richtig. Doch viele kaufen sich materielle Dinge, um ihre innere Leere zu füllen. Sollte dies auch bei Euch der Fall sein, solltet Ihr Eure Situation überprüfen. Materielle Güter ersetzen niemals Liebe und Zuwendung.

Äußerer Reichtum bringt nicht den Inneren Reichtum, sondern Innerer Reichtum bringt den Äußeren Reichtum!
Also sucht nicht im Außen. Findet euer Glück im Herzen. Doch das wahre Glück müsst Ihr Euch erarbeiten, um es dauerhaft zu behalten.

Ihr müsst ebenso wie bei einem Unternehmen

- Gespräche führen
- Probleme bereden und klären
- Bilanzen ziehen
- Verbesserungsvorschläge einbringen
- Engagement zeigen
- die Arbeit des Anderen wertschätzen
- Respekt einbringen
- Entscheidungen miteinander

       abstimmen
- etc.

Im Beruf plant Ihr alles bis ins letzte Detail, privat vergesst Ihr die wesentlichen Dinge oder erachtet sie als unwichtig. Es ist eine Frage der Priorität. Die Priorität sollte klar bei der Familie sein. Seid Ihr privat unglücklich, werdet Ihr keine Höchstleistungen erbringen. Erfolg ist, privates und berufliches miteinander so zu leben, dass keiner der beiden Bereiche leidet.

- Danke lieber Gabriel, dass Du auch mich wieder an meine Prioritäten erinnerst. Habe ich alles richtig mitgeschrieben?

Ja mein Kind, es ist richtig. Danke.

Anm. der Autorin: Zu beachten ist, dass mit dem Wort »Familie« vorrangig die eigene Partnerschaft (und Kinder) gemeint sind.

Affirmation
REICHTUM

Ich erkenne den Wert
meiner Gefühle.

Je mehr ich mich
und meine Familie
als wertvoll erkenne,
umso wertvoller wird
sich mein Leben gestalten.

Ich bringe meinen privaten
und beruflichen Erfolg
in Einklang!

Botschaft über
BEZIEHUNGEN

Meine lieben Freunde, dieses Thema ist wichtiger als Ihr denkt. Alles, aber auch alles, wird darauf erbaut oder zerbricht daran. Beziehungen sind der Anfang und das Ende zugleich. Der Anfang, die Schöpfung. Der Anfang einer Partnerschaft, der Anfang zur Gründung einer Familie, einer Freundschaft, eines Unternehmens.
Wir Engel verstehen es nicht, wenn Ihr Beziehungen als »unwichtig« abtut. Sie sind sehr wichtig für Euch! Erst wenn Ihr das erkennt, kann sich in Eurem Leben etwas verändern. Deswegen möchte ich noch einmal ausführlich über dieses Thema sprechen.

Da es mir am Herzen liegt, Euch in eine glückliche Zukunft zu führen, versuche ich alles Erdenkliche, um Euch zu helfen. Ihr wisst, eine Erkenntnis bringt vieles in den Löseprozess.

Das neue Bewusstsein verbreitet sich inzwischen stark auf der Erde. Viele Menschen erwachen und sehen plötzlich das Leben mit anderen Augen.

Das Wertesystem ist im Veränderungsprozess, das zeigt sich in vielen Situationen. Die Menschen möchten nicht mehr so leben wie bisher. Sie können es mit ihren Gefühlen nicht mehr vereinbaren. Die Gefühle rebellieren in Situationen, bei denen Ihr Kompromisse lebt. Sei es in der Arbeit, bei Partnerschaften, Beziehungen zu anderen Personen etc. Es ist vieles in Aufruhr. Das ist gut, denn viele Menschen ändern nur dann etwas, wenn der Druck nicht mehr zu ertragen ist. Mir hingegen tut es leid, das mit anzusehen. Würdet Ihr nur früher handeln, dann wäre der Druck nicht so groß. Ihr würdet weniger leiden. Eure Seele strebt nach Wachstum. Wenn Ihr dieses nicht mehr habt, werden Euch Signale gegeben. Überhört und übersehet Ihr diese, erhöht das Leben den Druck.

Die Zufriedenheit ist die Basis für den persönlichen Erfolg. Aus der Zufriedenheit kann alles Weitere wachsen und entstehen. Seid Ihr zu-

Das Wertesystem ist bereits im Veränderungsprozess.

frieden, erzeugt Ihr kein Gefühl des Mangels, sondern ein Gefühl der Fülle. Das Gefühl der Fülle ist die Basis für jedes weitere Wachstum. Daraus kann wiederum nur Fülle entstehen. Seid Ihr allerdings unzufrieden und fangt an zu vergleichen, werdet Ihr sicher jemanden finden, der besser ist oder mehr hat als Ihr. Das vorrangige Gefühl dazu ist der Mangel. Aus dem Mangeldenken kann nichts Gutes entstehen.

Darum ist die Zufriedenheit extrem wichtig. Sie gibt Euch das Gefühl, alles zu haben, was Ihr braucht. Sie macht Euch Glücksgefühle. Habt Ihr einen Mangel in diesem Bereich, fühlt Ihr Euch nicht wohl. Ihr habt dann das Gefühl, dass ein wichtiger Teil in Eurem Leben fehlt. Darum möchte ich Euch von Herzen mitteilen, dass die Partnerschaft die Basis für den gemeinsamen Erfolg ist.

Die Zufriedenheit ist die Basis für den persönlichen Erfolg.

Mit der Zufriedenheit beginnt Euer persönliches Glück, mit der Partnerschaft beginnt das gemeinsame Glück! Bitte lasst Euch diese Worte nochmals intensiv durch den Kopf gehen. Sie sind von äußerster Wichtigkeit! Sucht Ihr nach der glücklichen Partnerschaft, müsst Ihr zuerst mit Euch und Eurer jetzigen Situation zufrieden sein. Seid Ihr das nicht, müsst Ihr daran etwas ändern. Macht nicht Euer Glück von einer anderen Person abhängig. Erst dann werdet Ihr den richtigen Partner, die richtige Partnerin, anziehen.

Findet Ihr eine glückliche Partnerschaft, werden sich häufig Korrekturen einstellen, da die Partnerschaft selten mit dem bisherigen Lebensstil in Einklang zu bringen ist. Es kommt dann zu Veränderungen. Davor braucht Ihr keine Angst haben, diese sind normal und unumgänglich. Ihr hattet Euer Leben bisher so geplant, dass wenig Spielraum für eine Partnerschaft da war. Aber auch diese braucht Pflege und Zeit! Darum wundert Euch nicht, dass in dem Moment, in dem ein Partner / eine Partnerin in Euer Leben tritt, vieles neu gestaltet wird. Es finden Korrekturmaßnahmen in Eurem Umfeld statt. Kämpft bitte nicht dagegen an, sondern wisst, es ist zu Eurem Besten.

Die Partnerschaft ist die Basis für den gemeinsamen Erfolg.

Beziehungen, egal ob sie privat oder geschäftlich sind, geben Euch einen tieferen Sinn. Den

Sinn, wofür Ihr etwas tut. Sie machen Euer Leben lebenswerter. Habt Ihr eine liebevolle Partnerschaft, seid Ihr emotional glücklich. Habt Ihr gute geschäftliche Beziehungen, macht Euch der Beruf Freude. Beides verschafft Euch gute Gefühle, Ihr seid glücklich.

Und das ist das, was Ihr alle sein wollt: Glücklich und freudvoll!

Affirmation
BEZIEHUNGEN

Ich ziehe liebende Menschen und
liebevolle Erfahrungen
in mein Leben.

Ich trete in liebevolle
Beziehungen zu den
Menschen und
zur Erde.

Ich lasse in meinem
Leben viel Raum für die Liebe!

Um mich herum ist
vollkommene Harmonie.

Gespräch über
WERTSCHÄTZUNG

Guten Morgen mein Kind, heute ist ein guter Tag.

- Lieber Gabriel, das freut mich.

Die veränderte Schwingung auf der Erde macht sich inzwischen auch bei den Menschen bemerkbar. Das geistige Wissen wird größer. Durch das viele Leid suchen die Menschen nach Hilfe. Somit kommt auch hier die positive Seite zum Tragen. Es entsteht ein neues Bewusstsein, Wachstum. Das ist wunderbar!

Seht das Wachstum!

Hier könnt Ihr das »Gesetz der Dualität« sehen. Wo Licht ist, ist auch Schatten. Wo Zusammenbruch stattfindet, findet auch Wachstum statt. Alles geht in Einklang, damit es sich in Balance hält. Zusammen ist es eine göttliche Einheit. Darum urteilt nicht, sondern seht die Balance, die geschaffen wird. Seht das Wachstum! Konzentriert Euch auf das Schöne, auf die Entwicklung. Nur sie bringt Euch weiter. Konzentriert Ihr Euch auf den Zusammenbruch, erleidet Ihr ihn auch - also verstärkt die Energie auf die Weiterentwicklung, auf das Positive. Seht Euch keine negativen Nachrichten an, denn diese bewirken, dass eine Vielzahl von Menschen sich auf das gleiche Negative konzentrieren. Somit wird eine Menge an negativen Emotionen losgeschickt. Diese finden wiederum eine Resonanz im Universum und kommen in einer verstärken Anzahl auf die Erde zurück. Wenn Ihr das mit positiven Gefühlen macht, kommt eine Vielzahl an Positivem zu Euch zurück!

Alles ist Schwingung, auch all Eure Gedanken.

Alles ist Schwingung - auch all Eure Gedanken. Könnte man diese für Euch sichtbar machen, würdet Ihr die Vernetzung erkennen und es wäre Euch bewusst, wie sich alles auf Euch und Euer Umfeld auswirkt. Da Ihr das nicht erkennt, setzt Ihr dieses Wissen nicht bewusst ein.

- Lieber Gabriel, das heißt, wir müssen

aufpassen, welche Ursache wir setzen und welche Auswirkung wir daraus erhalten? Aus einer positiven Ursache können wir keine negative Auswirkung erhalten. Richtig?

Ja, wie Du mir hilfst helfe ich Dir. Auch hier gibt es eine Balance zwischen Geben und Nehmen. Wenn jemand von Herzen gibt wird er auch von Herzen erhalten. Alles, wofür Ihr dankbar seid, vermehrt sich und es kommt in vielfacher Form zu Euch zurück. Alles, was Ihr nicht wertschätzt, wird Euch wieder genommen.

Leider erkennt Ihr Menschen häufig erst dann den Wert, wenn Ihr etwas verloren habt. Wollt Ihr etwas dauerhaft behalten, schätzt dessen Wert von Herzen. Die Wertschätzung erhält Euch den Wert. Wenn Ihr etwas nicht wertschätzt, wertet Ihr es in Euren Herzen ab, und das führt zwangsläufig dazu, dass Ihr es verliert.

Die Wertschätzung ist ein wichtiger Faktor. Sie multipliziert den Wert und somit erschafft Ihr etwas auf der Basis des Wertvollen. Ihr habt ein gutes Gefühl dabei und gute Gefühle können nie etwas Schlechtes bewirken. Schätzt Ihr den

Wert nicht, rutscht es ab ins Wertlose. Es entgleitet Euch. Somit werdet Ihr nichts mehr zurück erhalten. Egal was Ihr wertschätzt, es wird sich vervielfachen, und es wird Euch erhalten bleiben. Ob die Partnerschaft (Liebe), euer Hab und Gut, Geld, Beruf etc. Wenn Ihr etwas in Eurem Leben nicht verlieren wollt, schätzt dessen Wert!

Tragt keine Verlustängste in Euch! Wie Ihr bereits im Wort erkennen könnt, ist hier der Verlust mit eingeschlossen, das heißt, bei Ängsten werdet Ihr Verluste erleiden. Also nicht die Ängste, sondern die Wertschätzung und Dankbarkeit geben Euch die Sicherheit, etwas nicht zu verlieren.

Seid dankbar für Eure Partnerschaft, seid dankbar für Euer Heim, seid dankbar für Euren Beruf, seid dankbar für Euer Auto. Egal was Ihr haben wollt, seid dankbar für die Situation, die Ihr habt. Das ist der Ausgangspunkt, um das Blatt zu wenden.

Affirmation
WERTSCHÄTZUNG

Ich sehe den Wert in allem.

Alles, was ich wertschätze,
bleibt mir erhalten.
Darum bin ich für alles dankbar,
was ich bisher erreicht habe.

Ich bin wertvoll!

Gespräch über die
GESUNDHEIT

Mein liebes Kind, ich bitte Dich wieder meine Botschaft niederzuschreiben.

- Mache ich gerne.

Zuerst eine Botschaft für Dich, mein Kind. Es ist jetzt soweit, dass Du endlich meine Botschaften nach außen trägst. Es freut mich wirklich, dass Du den Mut dazu hast. Siehst Du, Deine Angst war unberechtigt.

- Ja, das stimmt. Es kamen bisher auch nur positive Rückmeldungen. Danke dir! Auch bekomme ich immer mehr Kontakt zu Ärzten. Das ist mir aufgefallen und ich bin überrascht, da ich der Meinung war, dass viele Ärzte für mein Wissen nicht zugänglich wären. Hast Du das arrangiert?

Ja, das habe ich in die Wege geleitet. Einige Eurer Ärzte denken inzwischen um. Sie erkennen, dass Eure Krankheiten mit Eurer psychischen Verfassung zusammenhängen. Der Körper wird immer wieder krank, wenn der Geist nicht gesund ist. Es muss eine Balance hergestellt werden.

> Wenn Ihr zu oft Eure Gefühle ignoriert oder übergeht, dann und erst dann, schaltet sich der Körper ein.

Für Euch Menschen bedeutet dies, dass Ihr viel mehr auf Euer körperliches Wohlbefinden achten müsst. Euer Körper ist das wichtigste Warnsignal! Er wird krank, sendet Euch Signale - was Euch zeigen soll, dass Ihr Euch auf dem falschen Weg befindet, bzw. dass es an der Zeit ist, etwas zu ändern!

Wenn Ihr zu oft Eure Gefühle ignoriert oder übergeht, dann und erst dann, schaltet sich der Körper ein. Die negativen Gefühle sollen Euch warnen. Sie sollen Euch zeigen, dass etwas nicht in Ordnung ist. Übergeht Ihr allerdings immer und immer wieder diese Warnsignale, wird der Druck erhöht.

- Habe ich das richtig verstanden? Da die meisten Menschen ihre Gefühle ignorieren und somit die Warnsignale missachten, erschaffen sie sich die Krankheiten? Würden sie viel mehr auf ihr »Bauchgefühl« hören, bekämen sie keine?

Genauso ist es. Irgendwie müsst ihr Menschen erkennen, was gut oder schlecht für Euch ist. Dazu gibt es nur zwei Arten von Gefühlen: Positive oder Negative! Missachtet Ihr sie, schaltet sich der Körper ein. Es ist so einfach! Folgt Euren positiven Gefühlen! Viele Krankheiten können somit verschwinden, und der Körper beginnt zu heilen. Wenn Ihr nicht bereit seid, irgendetwas an Euren Gedanken, oder etwas an der Situation zu ändern, die Euch schlechte Gefühle verursacht, braucht Ihr Euch nicht wundern, wenn keine Heilung eintritt. Nicht die Situation macht Euch krank, sondern die Gedanken und Emotionen über die Situation. Also ändert sie so, dass Ihr wieder gute Gefühle in Euch tragen könnt.

Es werden sich neue Wege und Türen öffnen, von denen Ihr überrascht sein werdet.

Affirmation
GESUNDHEIT

Ich bin bereit, alle Gedanken und
Situationen, die mir schlechte Gefühle
verursachen, loszulassen und
zu bereinigen.

Ab heute trage ich positive Gefühle
in mir und akzeptiere hier und jetzt
Heilung und Gesundheit.

Ich bin gesund, glücklich
und in Harmonie!

Gespräche über die
FINANZEN

Mein Kind, nun sind ein paar Tage vergangen und es ist einiges passiert.

- Ja, das stimmt. Mir ist vieles klar und verständlich geworden, so dass ich die Dinge mit anderen Augen betrachten kann.

Das ist gut. Das ist, was ich erreichen möchte. Ich hoffe es geht allen so, wenn sie meine Botschaften lesen. Das ist Sinn und Zweck der Sache.

- Ja, lieber Gabriel, das hoffe ich auch.

Es ist an der Zeit, wieder neue Informationen aufzuschreiben.

- Gerne.

Sprechen wir von der Finanzkrise. Sie ist gerade in aller Munde. Daher will ich Euch das Thema aus »himmlischer Sicht« erklären.
Die Menschen leben alle ihre eigene Krise. Diese hat sich jetzt geballt, verstärkt und somit multipliziert. Ihr wisst, wenn Ihr Euch auf etwas konzentriert verstärkt sich diese Energie. Genau das passiert gerade. Wie gesagt, sie ist in aller Munde. Keiner will sie haben und doch redet jeder darüber. Was wiederum bewirkt, dass Ihr all Eure Energie darauf legt. Wenn Ihr meine Worte im Vorfeld verstanden habt, wisst Ihr was passiert. Sprecht nicht dauernd davon. Zieht Eure Energie ab. Lasst die Krise, lasst sie gehen. Nur wenn Ihr sie behalten wollt, sprecht weiterhin darüber.

Ihr Menschen müsst wieder umdenken.

- Was ist sonst noch passiert?

Das Wohl der Menschen wurde vergessen. Nur das Wohl der Unternehmen stand im Vordergrund. Die Balance ging komplett verloren.
Der Preis für den Erfolg war zu hoch! Der Erfolg war zu wichtig und dadurch ist kein sicheres Fundament erbaut worden. Der Zusammenbruch war vorprogrammiert.

Die Dienstleister haben vergessen, dass das Wohl der Menschen im Vordergrund stehen sollte, denn sie leisten »Dienst am Menschen«. Leider sind die meisten nur auf das eigene Wohl fixiert. Dass dies keinen dauerhaften Erfolg nach sich zieht ist absehbar. Für den dauerhaften Erfolg müssen beide Seiten zufrieden gestellt werden. Ist das nicht der Fall, leidet eine Seite darunter und der Bruch ist vorhersehbar. Dies gilt für das Vertragsverhältnis einer Firma zum Kunden, eines Chefs zu seinem Mitarbeiter und auch das Verhältnis der Mitarbeiter zum Kunden.

Ihr Menschen habt die Krise verursacht - Ihr könnt Sie auch wieder beenden.

Ihr Menschen müsst umdenken. Stellt das Wohl Eurer Mitmenschen in den Vordergrund. Sie geben Euch das Vertrauen und sie machen Euren langfristigen Erfolg aus.
Kurzfristiges Denken bringt kurzfristigen Erfolg. Langfristiges Denken bringt langfristigen Erfolg.

Jeder Mensch entscheidet selbst. Es ist wieder Euer freier Wille. Doch wenn Ihr nicht wisst, was Ihr damit bewirkt, könnt Ihr nichts ändern. Mein Wille ist es, Euch nahe zu legen, was Ihr bewirkt. Somit könnt Ihr bewusst entscheiden.

Ihr Menschen habt die Krise verursacht - ihr könnt Sie auch wieder beenden. Lasst sie los und lernt daraus. Ihr müsst für alles, was Ihr denkt, fühlt und tut, die Folgen tragen. All Eure Taten im Heute müsst Ihr morgen rechtfertigen. Allerdings nicht vor Gott Vater, sondern vor Euch selbst. Darum lernt bewusst das zu tun, womit Ihr anderen Menschen keinen Schaden zufügt.

Affirmation
FINANZEN

Ich liebe und wertschätze meine
Arbeit und
meine Geschäfte.

Liebe ist die stärkste
Macht und ich weiß,
dass diese Macht alles
Negative abwendet.

Meine Handlungen sowie meine
Unternehmungen, sind göttlich
geführt.

Gespräch über
KARMA

Liebe Sigrun, heute möchte ich über die Auswirkung von Karma sprechen. Karma beginnt mit Eurer ersten Geburt auf der Erde und endet mit Eurer letzten Reinkarnation dort. Euer Karma beeinflusst Euer Leben im Heute ganz extrem, es sind Eure eigenen Erfahrungen und Erkenntnisse, die ihr in jedem Leben sammelt. Euer Denken und Handeln (Ursache) in der Vergangenheit ist das Ergebnis (die Auswirkung) im Heute. Ihr wiederholt gewisse Situationen so oft, bis Ihr daraus Eure Erfahrung gesammelt habt oder erkennt, was Ihr daraus lernen sollt. Wenn Euch das in diesem Leben nicht gelingt, nehmt Ihr die gleiche Situation ins nächste

Ihr bringt Erfahrungen, Prägungen, Emotionen, Krankheiten, Gefühle, etc. auch aus Euren früheren Leben mit.

Leben mit. Ein Beispiel hierfür sind Déjà-vu-Erlebnisse.

Ihr bringt Erfahrungen, Prägungen, Emotionen, Krankheiten, Gefühle etc. aus Euren früheren Leben mit. Dies erklärt, zum Beispiel, warum manche Kinder krank auf die Welt kommen. Sie bringen oftmals die Krankheit in dieses Leben mit.
Doch das ist nur ein Bereich von vielen anderen möglichen Ursachen. Genauso könnt Ihr natürlich in Eurem jetzigen Leben neue Erfahrungen, Prägungen etc. machen. Krankheiten werden zum Beispiel oft im Familiensystem weitergegeben. Viele Menschen sprechen dann von Vererbung.

- Warum tun wir das? Zählt hier nicht unser freier Wille? Wer möchte krank geboren werden?

Ihr selber wollt das und zwar aus der Wiedergutmachung heraus. Alles, was Ihr in Euren letzten Leben nicht gelernt habt, versucht Ihr so lange zu wiederholen, bis Euer Karma bereinigt ist. Bis Ihr in der Lage seid, ein freudiges und glückliches Erdenleben zu führen.
Das ist Euer Lebensziel!

Ihr Menschen lernt am besten, wenn Ihr Emotionen und Gefühle am eigenen Leib verspürt - positive, aber vor allem negative Gefühle. Deshalb begebt Ihr Euch in Täter-, wie in Opferrollen. Das bedeutet, wenn Ihr jemandem Böses zufügt, wird Euch ebenfalls Böses zugefügt.

Lasst es uns anschauen. Wenn Ihr durch Euer Verhalten oder Handeln anderen Menschen Leid zufügt, seid Ihr in diesem Moment in der Täterrolle. Die andere Person leidet dadurch enorm und befindet sich in der Opferrolle. Damit Ihr auch die Gefühle kennen lernt, die das Opfer fühlt, begebt Ihr Euch in dessen Situation. So lernt Ihr beide Seiten kennen. Das trifft bei Verbrechen sowie bei anderen Situationen zu. Deswegen verurteilen wir Engel niemanden. Wir sehen, dass dies ein ganz normaler Entwicklungsprozess einer Seele ist.

Was Ihr heute denkt und tut, macht Euch zu dem Menschen, der Ihr in Zukunft seid!

Was Ihr heute denkt und tut, macht Euch zu dem Menschen, der Ihr in Zukunft seid! Darum überlegt Euch gut, was Ihr denkt und wie Ihr handelt!

- Um es nochmals klar zu machen: kranke Kinder können die Krankheit aus früheren Leben mitgebracht haben?

Ja, mein Kind, das ist zu hundertprozent richtig - auch Krankheiten dienen euch als Wegweiser. Und wer diesen bisher (in diesem oder in früheren Leben) nicht erkannt hat, wird ihn im nächsten Leben wiederholt erfahren. Der Lernprozess ist offen und nicht abgeschlossen. Es ist eine offene Situation!

- Es ist trotzdem schwer, das zu ertragen. Ich kann es zwar inzwischen verstehen, aber es ist kaum auszuhalten.

Ja, siehst Du, so geht es uns Engeln auch oft. Wir können Euch Menschen zwar verstehen, aber wir können das Leid, das Ihr Euch gegenseitig antut, kaum ertragen!

- Ja, das stimmt auch wieder. Oh, lieber Gabriel, warum kommt den Menschen das Leben derzeit so schwer vor? Ich höre das gerade von vielen Kunden! Es liegt so eine Schwere in der Luft.

Es ist die Schwere in Euren Herzen. Ihr könnt

die Situationen, in denen Ihr Euch befindet, nicht mehr ertragen. Aber wie gesagt, Ihr habt Euch in diese Situationen gebracht. Und nur Ihr selbst könnt Euch daraus wieder befreien. Allerdings verändert Ihr meist erst dann etwas, wenn Ihr es nicht mehr ertragen könnt. Doch jede Veränderung bringt Wachstum, und daraus entsteht etwas Neues! Darum ist das eine positive Situation, auch wenn es für Euch anders erscheint.

Konnte ich Deine Fragen beantworten?

- Ja, vielen Dank!

Affirmation
KARMA

Ich bin dankbar für
alle Erfahrungen
aus der Vergangenheit.

Ich bin in Frieden und lebe im
»Hier und Jetzt«! Somit entziehe ich
der Vergangenheit die Kraft, mich zu
behindern oder zu blockieren.

Ich lasse die Vergangenheit
in Liebe los.

Botschaft über
KOMPROMISSE

Meine liebe Sigrun, es gibt noch ein paar wichtige Dinge zu besprechen, die Du heute aufschreiben sollst.

- Mache ich gerne.

Okay, legen wir los. Ich möchte das Thema Kompromisse ansprechen. Ihr Menschen lebt so viele Kompromisse und wundert Euch, dass sich in eurem Umfeld keine klaren Ergebnisse zeigen. Wenn Ihr klare Ergebnisse erzielen wollt, müsst Ihr aufhören, diese Kompromisse zu leben. Wenn Ihr Schwarz und Weiß miteinander mischt, erhaltet Ihr Grau. Es sind Anteile von beiden Farben in einem Topf. So macht Ihr es auch mit Euren Gefühlen.

Mischt Ihr gute und schlechte Gefühle bzw. Emotionen, habt Ihr ein »es geht so« Gefühl im Bauch. Das hört Ihr oft von Personen, die gefragt werden, wie es ihnen geht. Was antworten sie? »Naja, es geht so«. Ist das Euer Ziel? Wollt Ihr dieses Gefühl in Euch tragen? Ihr mischt Eure positiven mit negativen Emotionen, weil Ihr diese nicht bewusst unterscheidet. Wenn Ihr darauf achtet, erkennt Ihr Schwarz oder Weiß. Gut oder Schlecht. Wenn Ihr sie nicht unterscheidet, erhaltet Ihr Grau.

Hört auf, diese Grauzonen zu leben. Unterscheidet, was in Euch positive oder negative Emotionen hervorruft und folgt ausschließlich den Positiven. Ihr könnt nicht Kompromisse leben und klare Ergebnisse im Außen erwarten. Das Außen ist ein Spiegel Eures Inneren, das habe ich Euch bereits gesagt. Zeigt sich das Bild im Außen noch nicht klar, dann überlegt Euch, wo Ihr noch Grauzonen lebt. Wo geht Ihr über Eure negativen Gefühle hinweg? Was wollt Ihr nicht sehen? Wo handelt Ihr gegen Euer gutes Gefühl?

Vergesst bitte nicht, dass sich eine Erkenntnis auch energetisch wandeln muss.

Und aus dieser Erkenntnis heraus solltet Ihr bereit sein, das Neue in Euer Leben zu lassen. Ihr müsst nicht gleich handeln, aber Ihr müsst dieses Neue zulassen. Durch das Zulassen können sich neue Wege und Türen öffnen und dann könnt Ihr bald darauf handeln. Vergesst bitte nicht, dass sich eine Erkenntnis auch energetisch wandeln muss. Also gebt Euch selber und der Energie Zeit. Ihr habt von göttlicher Seite keine Begrenzung erhalten. Ihr selber setzt Euch Grenzen und sucht dann Schuldige. Schuldgefühle bringen niemand weiter. Lasst Sie los. Lasst alles los, was war. Es ist nicht mehr wichtig.

> Macht Eure Hände frei und seid bereit zu empfangen.

Macht Eure Hände frei und seid bereit zu empfangen. Wer dauernd an der Vergangenheit festhält hat keine Hand frei, um zu empfangen.

Ich habe Euch zu Anfang gesagt, dass das Alte nicht mehr funktioniert. Das, was ich Euch jetzt alles erklärt habe, ist ein Wegweiser für das Neue. Versucht die Dinge umzusetzen und Ihr werdet sehen, dass sich Euch ein komplett neues Leben offenbart. Seid mutig und probiert es aus. Ihr habt nichts zu verlieren! Wenn Ihr mit den Ergebnissen bis jetzt nicht zufrieden seid, müsst Ihr neue Wege ausprobieren, sonst erhaltet Ihr immer wieder das gleiche Ergebnis.

Ich bitte Euch, trainiert diese Lebensgesetze. Es beginnt eine neue Geburtsphase für die Menschen. Die neue Schwingung ist auf der Erde angekommen. Alles, was Ihr jetzt beginnt, wird Früchte tragen. Darum wählt weise - die Früchte erntet Ihr schnell. Achtet darauf, welchem Gedanken Ihr nachgeht und welchen Weg Ihr wählt. Ihr könnt an den Früchten sehen, welche Gedanken Ihr in Euch tragt!

Affirmation
KOMPROMISSE

Ich weiß, dass Kompromisse mir auf Dauer nicht gut tun. Darum werde ich keine Kompromisse mehr eingehen.

Ganz klar erkenne ich was gut für mich ist, und treffe dadurch positive Entscheidungen in meinem Leben.

Mit Klarheit lasse ich alle Kompromisse aus der Vergangenheit und Gegenwart los, und ziehe jetzt positive Ergebnisse an.

Botschaft über DIE MACHT DER WORTE

Meine lieben Freunde, es ist an der Zeit, Euch eine weitere Botschaft zu übermitteln. Sigrun, ich bin froh, dass Du bereit bist mitzuschreiben.

- Gerne, lieber Gabriel.

Es hat sich bei vielen Menschen einiges ereignet. Die Menschen, die den Glauben an das Gute nicht verloren haben und weiterhin positiv gestimmt sind, dürfen nun viele positive Überraschungen erwarten.

Es sprechen alle von 2012 und die Wende danach. Ich sage Euch, sie hat längst begonnen. Ihr steckt mitten drin und wundert Euch, warum vieles so anders ist als bisher. Nichts wird mehr so sein wie es war. Ihr müsst Euch mit der neuen En-

> Habt Mut und fürchtet Euch nicht.

ergie und den neuen Gegebenheiten vertraut machen.

Je mehr Ihr gegen Situationen wie zum Beispiel Partnerschaftsprobleme, Finanzprobleme etc. kämpft, umso mehr werdet Ihr das bekommen, was Ihr nicht wollt. Ihr müsst aufhören zu kämpfen! Lernt umso mehr zu vertrauen. Vertrauen ist das Einzige was Euch derzeit weiterbringt.

Vertrauen braucht Mut, das weiß ich. Doch ich helfe Euch und gebe Tipps, wie Ihr diese Zeit der Veränderung besser durchlaufen könnt. Habt Mut und fürchtet Euch nicht. Die Angst regiert viele Menschen. Lasst Euch nicht anstecken. Sie wird geschürt und benutzt. Benutzt von den Menschen, die nicht im Vertrauen sind und die Angst als Mittel zum Zweck gebrauchen. Ich sage Euch, das ist nicht nötig. Sie erzeugt ein schlechtes Gefühl. Macht den anderen Menschen Mut und macht ihnen keine Angst.

Ihr müsst aufhören zu kämpfen!

Gerade in der Finanzbranche wird viel mit der Angst gewirkt. Sie ist ein guter Verkaufsschlager! Doch wohin hat es die Branche gebracht? Sie ist in sich selbst zusammengebrochen. Darum benutzt nicht die Angst der Menschen, um eigene Vorteile zu erzielen. Es bringt Euch den Zusammenbruch. Sprecht Ihr den Menschen stattdessen Mut und Hoffnung zu, bringt Euch das Gutes! Aus der Hoffnung kann Neues entstehen und wachsen. Die Hoffnung ist ein wunderbares Gefühl. Lasst Euch darauf ein! Sprecht Eure Worte deutlich und bewusst aus, und Ihr werdet sehen, Ihr bekommt ein gutes Gefühl dabei. Worte erzeugen Gefühle! Darum erzeugt Ihr gute Gefühle, wenn Ihr positive Worte sprecht. Es ist so einfach.

Und Ihr wisst, dass positive Gefühle ausschlaggebend für jeglichen weiteren Erfolg sind - privat wie beruflich. Sie sind die beste Basis für jeden Aufbau und jegliches Wachstum.

Mein Wunsch ist, dass Ihr in Eurer Aussprache bewusster werdet! Zuerst kommt der Gedanke, dann das gesprochene Wort und dann manifestiert es sich und Ihr erhaltet das zurück, was Ihr ausgesandt habt.

Ihr könnt es bei kranken Menschen sehen. Sie sprechen immer wieder über ihre Krankheit und was erhalten Sie? Die Gesundheit oder die Krankheit? Natürlich bleiben Sie in der Krankheit stecken. Beobachtet die Menschen genauer, hört besser hin. Und hört auch darauf, welche Worte Ihr selbst sprecht. Wenn Euch bewusst wird, was Ihr den ganzen Tag von Euch gebt, könnt Ihr gezielt daran arbeiten und es verändern.

Macht Eure Freunde und Euer Umfeld aufmerksam darauf, viele merken es nicht und sind Euch sicher dankbar - gute Tipps sind gerne willkommen!

Affirmation
WORTE

Ich bin mir der Macht
meiner Worte bewusst.

Alles, was ich denke und spreche,
realisiert sich in meinem Leben.
Mit diesem Wissen spreche ich
bedacht, bewusst und klar.

Ich spreche liebevolle und
belebende Worte. Ich spreche und
denke in Liebe und Freude.

Gespräch über
ZIELE

Liebe Sigrun, zu einem Jahreswechsel machen sich viele Menschen Gedanken. Sie überlegen, was sie sich für das Jahr vornehmen und welche Ziele sie sich stecken. Doch wie ich Euch bereits sagte, ändert sich vieles auf der Erde, und viele Dinge, die vorher funktioniert haben, funktionieren nun nicht mehr.

So ist es auch mit Euren Zielen. Zielplanung hier und Zielplanung dort. In dieser Ebene, in der sich die Menschen bereits befinden, geht es nicht mehr nur um die Zielplanung. Ziele zu planen ist für viele Menschen noch äußerst wichtig, jedoch nicht für alle. Ihr müsst Euer spirituelles Wissen und Wachstum bedenken. Menschen, die sehr spirituell sind, werden sich künftig mit der Zielplanung nicht mehr zurechtfinden. Sie suchen nach dem tieferen Sinn ihres Lebens. Ich sage Euch, Ziele können Euch ebenso gut begrenzen. Wer sagt, dass nicht viel mehr auf Euch wartet? Jetzt geht es um das »Empfangen«. Wenn Ihr bereit seid zu empfangen, seid Ihr im Wachstums- und Entwicklungsprozess. Ihr zieht das an, was Eurem Bewusstsein entspricht. Da viele Menschen sich jedoch über-, wie auch unterschätzen, empfangt Ihr so gut wie nie das, was Euch zusteht. Jeder Mensch kann nur das anziehen, was seiner derzeitigen Schwingungsebene entspricht.

- Lieber Gabriel, viele Menschen sind ohne Ziele orientierungslos. Wie soll das, was du sagst, gehen? Und in den meisten großen Firmen wird mit Zielplanung gearbeitet.

Ja, da hast Du recht, doch Du musst den Entwicklungsprozess eines einzelnen Menschen betrachten. Viele brauchen diese Führung noch. Doch ab einer bestimmten Bewusstseinsebene ist das nicht mehr notwendig. Ziele bedeuten auch immer etwas Druck - mal mehr, mal weniger. Und Druck hat auf der »himmlischen Ebene« nichts verloren - Druck gibt es hier nicht. Wir Engel arbeiten mit Geduld und Vertrauen. Wir geben Euch Menschen Zeit, Euch zu entwickeln. Ihr könnt somit alles anziehen, was Euch entspricht. Wenn Ihr Ziele plant, haltet Ihr Euch oft klein, da Ihr Angst vor Euren eigenen Fähigkeiten habt - und das hindert Euch an Eurem Wachstum.

- Komisch, mein Gefühl wehrt sich seit langer Zeit gegen starre Ziele. Ich kann ja persönliche Ziele haben, die mit meiner Entwicklung zusammenhängen - diese waren für mich nie zeitlich eingrenzbar. Jeder Mensch hat doch seinen ganz eigenen zeitlichen Entwicklungsprozess.

Das meine ich. Hättest Du geglaubt, dass Du einmal am Computer sitzt und meine Botschaften aufschreibst? Hätte ich Dir das vor fünf Jahren gesagt, was hättest Du geantwortet?

- Nie im Leben!

Siehst Du! Hättest Du Dich mit einer Zielplanung selbst begrenzt - in Deiner Entwicklung und auch in der Entwicklung Eures Unternehmens?

- Ja, natürlich. Ich konnte das zu dieser Zeit gar nicht absehen.

Nun frage ich: Wer kann absehen, was in fünf oder in zehn Jahren ist? Wer kann absehen, wie sich ein Mensch, das Umfeld oder Ihr selbst Euch entwickelt?

- Keiner von uns Menschen kann das absehen.

Darum meine lieben Freunde, vertraut darauf, dass das Leben Euch alles zuführt, was Eurem Entwicklungsprozess entspricht. Es kommt vieles in Fluss, wenn Ihr Euch nicht im Vorfeld begrenzt. Seid bereit zu empfangen und Ihr werdet erstaunt sein, was das Leben für Euch bereit hält. Empfangen = Wachstum!

Meine lieben Freunde: Ich wünsche Euch viel Liebe und Leichtigkeit!

Jetzt beginnt die Zeit des Empfangens. Das Vertrauen ist der Schlüssel, um zu empfangen. Wer nicht vertraut, der kämpft und sucht im Außen. Die Zeit des Suchens im Außen ist jedoch vorbei. Schaut Euch Personen in Eurem Umfeld an und Ihr wisst sofort, wer noch kämpft.

- Lieber Gabriel, gibt es nicht viele Menschen, die erst gar nicht versuchen zu empfangen, da sie das Vertrauen nicht haben? Oder Angst vor einem Zusammenbruch haben und deshalb weiter kämpfen?

Die gibt es. Ebenso wie jene, die es versuchen und schaffen. Ich sehe das Wachstum. Und das ist gut. Habt Mut und versucht es.

- Ich habe mir früher auch viel zu viel Gedanken gemacht, um Dinge die passieren könnten. Die meisten davon sind nicht eingetreten. Die Sorge war völlig umsonst. So geht es vielen Menschen, oder?

Ja, so ist es. Darum ist es so wichtig, den Fokus auf das Schöne und Positive zu lenken. Das, worauf Ihr Euch konzentriert, wird erschaffen. Und wenn Ihr positiv denkt, könnt Ihr nur Positives erschaffen!
Es ist so leicht! Macht es nicht kompliziert, das ist es nicht. Lasst alle Sorgen los und seid bereit das zu empfangen, was Eurem »Sein« entspricht.

Meine lieben Freunde, ich wünsche Euch viel Liebe und Leichtigkeit!

So, mein Kind, meine Botschaft an die Menschen ist fertig. Ich danke Dir für Deine Unterstützung und Deine Hilfe. Danke, dass Du die Botschaft aufgeschrieben hast. Himmel und Erde müssen in Einklang kommen. Die Menschen, die den Wandel mitmachen, werden verstehen, und sie werden dankbar sein für diese Hilfe. Ich bin froh, dass Du so mutig bist und meine Lehren weitergibst.

- Vielen, vielen Dank lieber Erzengel Gabriel. Für all Deine Hilfe und Deine Unterstützung! Danke!

Affirmation
ZIELE

Ich bin bereit zu empfangen und alles anzuziehen, was meinem »Ich Bin« entspricht.

Ich empfange mit
Freude alles,
was mir zusteht.

Ich erweitere meinen
Horizont und befreie mich
von allen Begrenzungen.

Ich bin frei und grenzenlos!

Erzengel Gabriel
EPILOG

Meine lieben Freunde, mein Ziel ist es, Euch in ein leichtes und wundervolles Leben zu führen. Ihr könnt mir glauben, dass mir nichts näher liegt, wie Euch in Eurem Wachstum sowie in Eurer Entwicklung zu fördern. Ich werde Euch nie einen Schaden zufügen, sondern werde mein Erdenklichstes tun, um Euch zu schützen.

Ihr müsst mir vertrauen, dann wird Euch nichts geschehen. Ihr werdet durch mich aus dem Leid geführt. Ich werde Euch Halt und Stütze geben. Doch das alles funktioniert nur, wenn Ihr mir vertraut und an mich glaubt. Euer Glaube gibt mir die Kraft Euch zu helfen! Wenn Ihr glaubt, sendet Ihr eine Frequenz aus, die eine Resonanz im Universum findet. Wenn Ihr an mich glaubt, findet Ihr die Resonanz zu mir. Das wiederum gibt mir die Möglichkeit zu handeln, Euch zu helfen.

Je mehr Ihr an mich glaubt, umso besser kann ich dies tun. Darum ist nicht nur der Glaube wichtig, sondern auch die Stärke Eures Glaubens! So baut sich die Verbindung zu den Engeln auf. Viele Menschen fragen immer und immer wieder, wie sie den Zugang zu den Engeln finden können. Ich möchte Euch diese Frage gerne beantworten: »Einzig und alleine durch den Glauben!«

Der Glaube ist der Schlüssel.

Mit diesem Schlüssel seid Ihr in der Lage, das Tor zur »himmlischen Welt« zu öffnen. So können Himmel und Erde wieder in Einklang kommen. Glaubt Ihr nicht, wird diese Türe verschlossen bleiben. Ich finde es wunderbar, dass es Menschen wie Sigrun gibt, die es versucht und sich darauf eingelassen haben.

Darum kann ich Euch alle nur bitten, an mich zu glauben. Lernt Eure eigenen Kapazitäten sowie die der Engel kennen. Die Grenzen, die Ihr Euch gesetzt habt, werden sich weiten. Dann könnt Ihr Eure eigenen Erfahrungen machen. Vieles, was Ihr nie für möglich gehalten habt, wird sich fügen. Es beginnt sich eine neue Welt zu öffnen. Eine Welt, die bislang verschlossen war, und in der Angst keine Rolle spielt. Angst ist eine menschliche Emotion. Sie hat bei uns Engeln keine Kraft. Sie ist ein Teil von Euch. Wir Engel sehen neutral und deutlich. Ängste können die Sicht vernebeln. Darum tut ihr Menschen Euch so schwer, da die Angst oft im Vordergrund steht.

Tretet Ihr in die »himmlische Welt« ein, gibt es keine Angst mehr. Vertrauen, Glaube, Liebe, Leichtigkeit, Hoffnung, Mut, das ist unsere Welt. Hätten wir diese Emotionen begraben, wären wir keine Engel. Sie sind die Grundbasis für unser Dasein, für unsere Existenz.

Ihr werdet feststellen, dass wenn Ihr mit den Engeln zusammenarbeitet, Euer Weg auf eine andere Art und Weise verläuft. Hindernisse stellen keine Probleme mehr dar, alles wird geregelt, auch wenn es sich erst einmal anders darstellt. Ihr könnt Euch darauf verlassen, wir finden einen neuen Weg, auch wenn er für Euch noch nicht sichtbar ist. Wir sind besonders mächtige Wesen und finanzielle Probleme, Blockaden etc. sind für uns keine Herausforderungen. Für uns ist es ein Leichtes, Euch bei der Lösung zu helfen. Ihr müsst uns nur den Auftrag geben und uns vertrauen.

Oft ist es zwar für Euch in letzter Sekunde, aber wir halten Wort. Darum glaubt fest an uns, ein Engel gibt nie ein Versprechen um es zu brechen. Wir sind gebunden an unsere Worte und müssen danach handeln. Deswegen werden wir alles versuchen, um Euch zu helfen.

Nun, meine lieben Freunde, habt Ihr viel erfahren. Ich erzähle Euch das alles, damit Euer Vertrauen wächst, und Ihr den Glauben an Euch nicht verliert, und damit Ihr lernt, uns Engel sowie die Zusammenhänge besser zu verstehen.
Ich wünsche Euch viel Spaß beim Versuch, die Türe mit dem richtigen Schlüssel zu öffnen.

Seid gewiss, wir sind da, um Euch zu empfangen und zu begrüßen!

Euer
Erzengel Gabriel

Sigrun Ender
DIE AUTORIN

Im Jahr 2001 begann, nach einem gesundheitlichen Tiefpunkt, mein spiritueller Weg.

Zu dieser Zeit war ich alleinerziehende Mutter und vollberuflich als Finanzmaklerin tätig. Mein damaliges Leben und meine Arbeitsweise machten mich äußerst unglücklich. Ich suchte nach mehr Erfüllung und Sinn. Da ich verstandsorientiert war, sah ich keinen Ausweg. Ich fühlte mich regelrecht gefangen in der Situation. Schließlich hatte ich zwei Kinder zu versorgen und musste Geld verdienen! Jedoch, was ich nicht schaffte, bzw. nicht sehen konnte, bewirkte eine Krankheit. In acht Monaten Arbeitsunfähigkeit blieb mir enorm viel Zeit, über meine Zukunft und mich, nachzudenken. Ich suchte nach Möglichkeiten, meinen Heilungsprozess zu unterstützen und zu beschleunigen. So kam es, dass ich an einem Aura-Seminar teilnahm. Es tat mir unsagbar gut und so absolvierte ich weitere Seminare, zum Beispiel in den Bereichen: Channeling, Familienstellen, systemische Aufstellungen, Energiesitzungen, Karma-Rückschau.

Im Channeling-Seminar entdeckte ich meine besondere Fähigkeit, »himmlische Botschaften« zu empfangen. Ich empfand dies zwar als total aufregend, mein Verstand zweifelte aber zunächst an meinen Fähigkeiten und an den Botschaften. Im Laufe der Zeit stellte ich fest, dass sich die Botschaften wiederholt bewahrheiteten. Außerdem machte es mir unheimlich viel Spaß, das Neue und Unbekannte zu erforschen. Die Informationen, die ich erhielt, wurden immer deutlicher, und ich begann, danach zu handeln. Ab diesem Zeitpunkt hat für mich ein neues Leben begonnen, wofür ich heute mehr als dankbar bin. Viele meiner Fragen haben sich geklärt.

Das Allerbeste ist, dass ich ein sehr großes Vertrauen in mir gefunden habe. Dieses Vertrauen bringt enorm viel Frieden mit sich. Alles in allem hat sich in mein Leben großartig verändert. Ich lebe in einer wundervollen und erfüllenden Ehe, und genieße das schöne Verhältnis zu meinen, inzwischen erwachsenen, Söhnen.

Meine Erlebnisse, Erkenntnisse und Erfahrungen habe ich zu meinem Beruf gemacht, und ein Teil davon ist es, »himmlische Botschaften« wie diese hier von Erzengel Gabriel, aufzuschreiben, mit Ihnen zu teilen, Ihnen so zu zeigen, wie wunderbar, leicht und unbeschwert das Leben sein kann!

Im Anschluss an die Gespräche und Botschaften finden Sie die jeweils passende Affirmation dazu. Diese sind wirkungsvolle Hilfsmittel, um Glaubenssätze und Prägungen zu ändern.
Die Bilder bei den Affirmationen zeichne ich gerne zwischendurch, sie kommen von Herzen und tragen, ebenso wie die Botschaften, Engelsschwingungen in sich.

Nun danke ich Ihnen, dass sie Ihre Zeit diesem Buch widmeten und wünsche mir, dass es den Weg auch in Ihr Herz gefunden hat.

Ihre

Sigrun Ender

www.ender-coaching.de

Printed in Poland
by Amazon Fulfillment
Poland Sp. z o.o., Wrocław